सेरेनिटी एंड सेरेनेड

(50 से अधिक कविताएँ हिन्दी भाषा में।)

सुरभि साहू

BookLeaf Publishing
India | USA | UK

Made with ❤ on the BookLeaf Publishing Platform
www.bookleafpub.in
www.bookleafpub.com

Dedication

(समर्पण)

विघ्नहर्ता, बुध्दिदाता और सबके **प्रिय.श्री गणेश जी को**
हमारे देश की करुणामयी मेडमप्रेसिडेंट द्रौपदी मुर्मू जी को।

मेरी **जान-ए-मन बहनें - शिखा दी और शिवांगी दीदी को**।

मेरी माँ इन्दुबाला और सबसे बड़ी बहन शालिनी को।
मेरी बचपन की सखियाँ, अनुश्री और सौम्या को।
मेरी छोटी बहनों – अपेक्षा और आकृति को।
साथ ही मेरे पूरे **साहू परिवार के सदस्यों को** भी।

हमारे **पूरे प्लैनेट की प्रकृति को।**

सभी प्यारे पाठकों को जो इस पुस्तक को पढ़ने में रूचि लेते है।

Preface

यह कविता-संग्रह मुक्त छंद शैली का है।
सेरेनिटी - मन की वह अवस्था है जहाँ हलचलें थम जाती हैं और भीतर एक गहरी शांति उतर आती है
- जैसे सुबह की पहली रोशनी, या किसी नदी की धीमी धारा।

वहीं सेरेनेड एक मधुर स्पर्श है -
भावनाओं का वह गीत, जिसे शब्दों या सुरों के मध्यम से किसी प्रिय भावना के नाम समर्पित किया जाता है।
यह वह संगीत है जो दिल के दरवाज़े पर हल्के से दस्तक देता है।
इन दोनों का संगम -
शांति और संगीत, सुकून और सरगम, प्रतीक्षा और अनुभव - इन सबको एक साथ समेटने वाली एक यात्रा है.
यह पुस्तक उसी यात्रा की अभिव्यक्ति है।
कुछ पलों में शांति मिलेगी, कुछ पलों में मधुरता और कुछ पलों में जीवन की सरल पर गहरी झलकियाँ।
इस पुस्तक की प्रारम्भिक कविताएँ *page no.1* से *page no.19* तक प्रेरणा का आधार हैं -
बहन~ ईश्वर का दिया हुआ एक अनुपम उपहार है.
वह हमें सिखाती है, हर कदम पर हमारा साथ देती है -
कभी पीछे से सहारा बनकर, तो कभी आगे बढ़कर मार्गदर्शक बनकर। जीवन की यात्रा में बहन मित्र भी हो सकती है, रक्षक भी, और दिशा दिखाने वाली निर्देशक भी। वह हमारे लिए आदर्श बन सकती है, और कभी-कभी माँ जैसी स्नेहमयी देखभाल भी दे सकती है।

बहन की उपस्थिति हमें यह याद दिलाती है कि जीवन का सबसे सुंदर पाठ है - **सहारा देना और प्रेम बाँटना**।

इस पुस्तक को हमनें दो भागों में रखा है
भाग प्रथम - ना सोडरीमैनुलु *Telugu word* (अर्थ - मेरी बहनों)
भाग द्वितीय - आदि स्त्रोत (अर्थ - प्रारम्भिक उद्गम)
ताकि कविताओं में स्पष्टता दिखें।

इस किताब में रिसर्च वर्क एवं समय पर पूरा करने के लिए ऐ ई का सहयोग भी शामिल है।

हमारे वर्तमान के प्रधानमंत्री जी द्वारा कहे गए कथन ~
को आगे तक लेजाने का है हमारा उद्देश्य।

"एआई से नवाचार, भारत बने आत्मनिर्भर और सशक्त।"

अंततः बस यह लिखना चाहुंगी की
हर कविता अपने अलग एहसास के साथ जनम
लेती है। मेरे लिए तो हर कविता जो मैने लिखीं या पढ़ी सब अद्वितीय
रूप से है ~ सच्ची, सरल और खूबसूरत।

आशा है, यह पुस्तक आपके मन में भी वही सुकून और वही मधुरता जगाएगी,
जिस भावना से इसे लिखा गया है.

धन्यवाद।

Acknowledgements

"जय श्रीकृष्णा"

"माता-पिता ही जीवन की पहली पाठशाला हैं। उनका आशीर्वाद ही मेरी सबसे बड़ी पूँजी है।"
मैं अपने माता-पिता का हृदय से आभार व्यक्त करती हूँ, जिनके मार्गदर्शन और स्नेह ने मुझे इस पुस्तक तक पहुँचाया।

"समाज ही वह दर्पण है जिसमें हम अपने अस्तित्व को पहचानते हैं।"

मैं विशेष रूप से '***संकल्प – द सिविल सर्विस सोसाइटी ऑफ इंडिया'*** *का* धन्यवाद करता हूँ। यद्यपि मेरा जुड़ाव यहाँ एक वर्ष का है, परंतु इस समुदाय का महत्व मेरे हृदय में आजीवन रहेगा।

"कृतज्ञता ही सच्चे साहित्यकार का आभूषण है।"
सबसे महत्वपूर्ण, मैं **'बुक लीफ पब्लिशिंग'** का गहरा आभार व्यक्त करता हूँ, जिन्होंने इस पुस्तक को पाठकों तक पहुँचाने का माध्यम बनाया।

"ज्ञान बाँटने से बढ़ता है, और आभार व्यक्त करने से संबंध गहरे होते हैं।"

धन्यवाद।

भाग प्रथम - ना सोडरीमैनुलु.
एक सवाल जो थमता नहीं
(उन बहनों के लिए, जो पूछती हैं... और हमेशा परवाह करती हैं।)

आइने के कोने से झांकती है वो,
थोड़ी संजीदा, थोड़ी शरारती सी सोच।
" तो बताओ, आज कैसी लग रही हूँ ? "
ये सवाल हवा में तैरता है, फिर दिल तक पहुंचता है।

बचपन की फ्रॉक से लेकर बड़ी उम्र की गरिमा तक,
मंदिर की घंटियों से लेकर इंटरनेट की दुनिया तक ।
ये सवाल गूंजता है, जैसे कोई लोरी,
चंद की मुस्कान के नीचे, बहुत कोमल सी।

और जब हम बूढ़े होंगे, चांदी जैसे बालों के साथ,
वो फिर पूछेगी, कांपते हाथों से -
" तो बताओ, आज कैसी लग रही हूँ ?
और मैं कहूंगी - " जैसे वो प्यार...
जो कभी फीका नहीं पड़ता।"

जब वो चाँद थी

जब वो चाँद थी,
उसकी ख़ामोशी भी एक गीत थी।
बादलों को चुड़ियों सा पहना करती,
और अपने बदलते रूपों में नाचती थी -
जैसे वो भाव, जिन्हें हम कभी नाम नहीं दे पाए।

जब वो चाँद थी
तब समझ आया कि प्रेम हर बार शब्दों में नहीं होता।
कभी-कभी वो बस अपनी रोशनी से जताता है -
मुलायम, सपना-सा उजाला,
जो बिना कहे तुम्हें अपनेपन से रूबरू कराता है।

एक अलिखा हुआ कवच

न कोई बड़ा दिखावा, न ऊंचे वादे -
बस साथ की शांत, सच्ची ताक़त।
जब दुनिया तीखी और ठंडी हो गई,
वो मुझे उस गर्माहट में लपेट गई
जिसकी मैने कभी माँग भी नहीं की थी।
न कोई सवाल, न कोई सलाह -
बस उसकी मौजूदगी - नरम सपना-सी पवित्र।
उसने एहसासों से नहीं,
बस अपने होने से मुझे ढक लिया।
क्योंकि बहनचारा हमेशा शब्दों में नहीं होता -
वो महसूस होता है, जिया जाता है।
वो एक अलिखा हुआ कवच है,
जो तुम्हें भीतर से संभालता है।

चोटी और रहस्य

वो मेरे पीछे बैठी थी, उंगलियाँ नर्म थीं,
कहानियों की तरह बालों को बुन रही थी ~
एक हँसी के लिए, एक खोए पल के लिए,
और एक उन बातों के लिए, जो कभी कही नहीं गई।

उसका स्पर्श जैसे कोई लोरी,
उसकी ख़ामोशी जैसे कोई पनाह।
हमने नज़रों से बात की, अधूरी धुनों में बोले,
उसका प्यार कभी ऊंची आवाज नहीं बना -
बल्कि चाँदनी जैसा था - नरम, चाँदी-सा, हमेशा साथ।

उसने मेरी उलझनों में शांति की चोटी गूंथ दी,
और मेरे कान के पीछे हौसला छुपा दिया।
आज भी, जब दुनिया बहुत बड़ी लगती है,
में उसकी पुरानी ग़ज़लों की ढूंढ लेती हूँ -
अपने भीतर की सांसों में।

क्योंकि बहनचारा सिर्फ खून का रिश्ता नहीं होता ~
वो-वो चोटी है जो तुम्हें थामें रखती है,
और वो रहस्य है जो दिल से कभी जाता नहीं।

कपड़ों की अदला-बदली

लोग कहते है "कपड़ों की अदला-बदली",
पर ये सिर्फ़ कपड़ा नहीं था -
इस कपड़े से एक रिश्ता सा बना था।
एक सुबह उसकी शॉल मेरी कुर्सी पर मिली,
अब भी गर्म थी उसकी चाय की तरह।
एक दिन मैने उसका दुपट्टा लिया,
उसकी शांति और सादगी में लिपटा हुआ।
वो ऐसे लहराया जैसे उसकी हँसी -
नरम, सपना-सा, हर कोने में बसी।

एक अविस्मरणीय प्रेरणा

एक नज़र जो सुकून बुन देती,
मेरे उलझे दिन के किनारों पर,
उसने सिखाया - कैसे हिम्मत को
शंका की कोमल लटों में गूंथा जाए।
उसकी हँसी - जैसे सावन की साँज में दीपक,
उसके कदम - जैसे नक्शा, जिसे मैंने खाली पैर तले पढ़ा,
कोमलता की ज़मीन पर चलना सीखा।
उसने कभी नहीं कहा कि उसका अनुसरण करूं,
पर मैंने किया - कर्तव्य से नहीं श्रद्धा से।
उसकी छाया में मुझे छाँव मिली,
उसकी रोशनी में चमकना सीखा।
वो सिर्फ मेरी बहन नहीं थी -
बल्कि एक अविस्मरणीय प्रेरणा।
वो प्रार्थना से पहले की शांति थी,
सच के बाद की गूंज।
वो कमरे में हो या न हो
पर मेरी जीवन की कहानी
में हमेशा एक अविस्मरणीय प्रेरणा रहेंगी।

वह आगे बढ़ती है,
हम साथ उठते हैं
(मेडम प्रेसिडेंट की प्रेरणा से
जन्मी यह कविता।)

संचार में उसके, मधुरता बसी है,
हर बाधा को वह चीरती है,
उसकी हंसी में नई सुबह खिलती है।

अंधेरों में राह दिखाती है।
उसकी आवाज़ में शक्ति है,
उसके कदमों में क्रांति है।

स्नेह में दृढ़ता, करुणा में नीति।
उसके संग हम सब जुड़ते हैं,
उसके संग हम सब उठते हैं।

सपनों की बुनाई, उसके हर कदम में है,
वह नेतृत्व करती है, हम संग बढ़ते हैं,
वह आगे बढ़ती है, हम साथ उठते हैं।

एक हृदयस्पर्शी आत्म-पत्र

यह पत्र नीली स्याही से नहीं लिखा,
बल्कि चमेली की खुशबू से रचा गया है।

तो यह रहा मेरा पत्र,
एक आलिंगन के आकार में मोड़ा हुआ,
उस पवित्र विश्वास से 'सील' किया हुआ,
की बहनचारा ही सबसे सुंदर कविता है,
जो मैं कभी लिख पाऊंगा।

तुम मेरी आत्मभूमि हो -
वह स्थान जहाँ मेरी आत्मा विश्राम करती है,
जहाँ मेरे रूपक खिलते है,
जहां मेरा हृदय लिखता है,
बिना गलत समझे जाने के भय के।

हमने बचपन को लारियों में बुना,
पुराने कपड़ों की सिलवटों में रहस्य सिले,
और साधारण दोपहरों को,
हँसी और चाय के पवित्र अनुष्ठानों में बदल दिया।

मैंने देखा है तुम्हारी आँखों में तूफान,
फिर भी तुमने मेरी आँखों को आश्रय दिया।
तुम वह शक्ति हो,
जिसे गरजने की ज़रूरत नहीं,
वह बस रहती है।

में स्पष्टीकरण देने के लिए नहीं लिखता हूँ,
मैं सम्मान देने के लिए लिखता हूँ,
उन क्षणों पर हार चढ़ाने के लिए,
जब तुमने मुझे थमा -
जब मुझे पता भी नहीं था,
की में गिर रहा हूँ।

तुम मेरी आत्मभूमि हो -
वह पवित्र धरती,
जहाँ मेरी आत्मा विश्राम करती है,
जहाँ रूपक अर्थ पाते है,
जहाँ प्रेम कोई शब्द नहीं,
बल्कि जीने का एक तरीका है।

वो कमरा जो हमने बांटा था

वो कमरा - जिसने हमें बढ़ते देखा,
कागज़ की गुड़ियों से सपनों
के रचयिता बनने तक,
संकोच भरी प्रार्थनाओं से लेकर
साहसिक घोषणाओं तक
की हम कौन बनना चाहते थे।

आज जब मैं बंद दरवाज़ो
के पास से गुजरता हूँ,
तो अब भी तुम्हारी हँसी सुनाई देती है,
लकड़ी की दीवारों में गूँजती हुई।
वो कमरा जो हमने साझा किया था,
घर से मिट गया है -
पर मेरे हृदय से कभी नहीं।

अधूरे ख्वाबों की छाया में,
तुम्हारे शब्द अब भी चलती हैं,
बरसात की बूंदों में लिपटे,
यादों की कड़ियों से बंधती हैं।
छोटे-छोटे पलों की महक,
फिर से जीवित हो उठती है,
जैसे कोई पुराना गीत
फिर से दिल में गूंज उठता है।

वो कमरा, जो अब बंद है,
पर मेरे मन की गलियों में
तुम्हारा नाम सदा बसा है,
हर दीवार पर लिखी गई कहानी,
एक अलहदा मुस्कान के पीछे छुपी हुई।

अदृश्य डोर

बहनचारा शब्दों से नहीं बुना जाता,
यह तो उपस्थिति में साँस लेता है,
भरोसे में गांठ बनाता है,
और जन्मों तक फैलता चला जाता है।

हम हमेशा बोलते नहीं,
पर हमेशा समझते ज़रूर हैं।
यह अदृश्य डोर हमें थामें रखती है -
हवा जितनी हल्की, किस्मत जितनी मज़बूत।

में जानती हूँ इस पवित्र बंधन की सच्चाई -
हमारा यह रिश्ता - हमेशा एक ही डोर में बंधा रहेगा।

दोस्ती, अपनापन और बहनापा (यह कविता स्नेहिल स्वरूप भाभियों से प्रेरित है।)

दोस्ती की धुन में बहता है प्यार,
अपनापन जैसे उजली फुहार।
भाभी हो या बहन का रूप,
दिल में जगाती स्नेह का स्वरूप।

हँसी में छुपा है जीवन का गीत,
साथ में मिलता है सुख का संगीत।
रिश्तों की डोर, कोमल और प्यारी,
हर पल में जगती है रोशनी सारी।

बहनापा है विश्वास की छाँव,
अपनापन है जीवन का गाँव।
दोस्ती है मन का उजियारा,
संगम यही है सच्चा सहारा।

ममता में मिली एक बहन

हर बहन जन्म से नहीं मिलती -
कुछ धीरे-धीरे जीवन में उतरती हैं,
खून के रिश्तों से नहीं,
करुणा ओर नेकी के धागों से बुनकर।

उसकी दयालुता में
मुझे अपना एक सच्चा प्रतिबिंब मिला -
वो जो मेरी कमियों को भी मुझे दिखाती थी।
साथ ही आकाश के तारो जैसा मानकर
रोशनी में बदल भी देती थी।
बहनचारा हमेशा विरासत नहीं होता
कभी-कभी यह मिलता है -
एक अलग उपहार की तरह,
करुणा में लिपटा,
विश्वास में जड़े जमाए।

ममता में मिली वह बहन
इस बात का प्रमाण थी
की प्यार अपना रिश्ता
खुद चुनकर आता है।

वो पल जब उसने मेरी रक्षा की

कुछ क्षण ऐसे आए,
जब यह दुनिया बहुत तीखी
और भारी लगने लगी।
तब उसकी आवाज -
अंधेरे में जलती स्थिर लो जैसी -
मेरे लिए खड़ी रही।

मेरे गिरने से पहले ही
वह मेरे पास ढाल बनकर खड़ी थी -
शांत, पर बेहद मजबूत,
नम्रता में भी उतनी ही साहसी

तभी मैने समझा -
बहनचारा सिर्फ प्रेम नहीं होता,
वह एक कवच है,
एक अग्नि है,
एक सच्चाई है -
जो केवल वादों से आगे बढ़कर
हमें जीवन की धुंध और भ्रम से बचाती है।

बोलने से पहले ही वह जान गई

वह मेरी चुप्पी की हल्की - सी
कंपकपाहट के पीछे जमा होते साये पहचान लेती थी -
बहुत पहले, जब मेरे होंठ
सच को आकार भी नहीं दे पाते थे।
उसकी आँखों ने उसे पकड़ लिया था -
नरमी से, बिना किसी सवाल के।

वह जान जाती थी जब मेरा दिल
खामोश कमरों में टूट रहा होता,
जब अनकहे सपने मेरी पसलियों के पीछे
पंख फड़फड़ा रहे होते।

और जब मैं आखिर बोल पाती
उसकी नजर में कोई हैरानी नहीं होती -
बस वही शांत स्वीकार
एक बहन का, जो सदा मेरे साथ चलती रही थी।

अनदेखे ही उसने संभाले
वे सपनों के बीज
जो मैने अभी बोए भी नहीं थे -
बहन की यह दूरदर्शिता
मौन ही खिलती रहती।

वह जानती थी - फिर भी ठहरी रही,
एक प्रकाशस्तंभ की तरह -
मेरी सुबह से पहले का उजाला,
मेरी लहरों के लौटने का धैर्य भरा इंतजार।

उसका प्यार एक दीपक था

उसका प्यार एक दीपक था -
न तेज, न ज़बरदस्ती
बस एक शांत, स्थिर रोशनी,
जो मेरे सबसे अँधेरे कोनों तक
मुझ तक पहुँच जाती थी।
उसने मुझसे कभी यह नहीं माँगा
की मैं अपने आप से ज़्यादा बनूँ;
वह तो बस रास्ता दिखाता रहा,
ताकि मैं खुद को स्पष्टता से देख सकूँ।
हर मुस्कान की परछाई में
उसकी छवि तैरती थी,
जैसे बादलों में छिपा सूरज
एक नई सुबह की उम्मीद बुनता हो।
वह जुगनुओं - सी हल्की,
उसका प्यार सच में एक दीपक था,
और उसी रोशनी के कारण
मैने अंधेरे से डरना छोड़ दिया।

मिट्टी से आसमान तक

दो छोटे पौधें झूमे सुबह की रोशनी में,
जड़े थीं गहरी, पर नजर थी ऊँचाई पर।
पत्तों की सरसराहट में सपने बोले,
हवा चली तो एक-दूजे को थामे रहे।

आसमान, मिट्टी और गीत साथ बांटे,
हर पल में अपनापन महसूस किया।
जैसे दो नदियाँ, अलग रास्तों से चलकर,
एक ही बहाव में मिल गई।

चिड़ियों की चहचहाहट ने संग लाए गीत,
प्रकृति के राग में एक नया स्वर गूंजा।
जहाँ डाली-डाली पर सपना चौड़ा फैलता,
वो जुगनू की रोशनी में, नया सबेरा ढूंढा।

भाग द्वितीय - आदि स्त्रोत .

हरी पत्तियों की घनी छाया

मेरे ऊपर हरी पत्तियों की छत,
साँस और शांति से बुनी हुई।
यहाँ छाया में समय मानों सो जाता है,
और रोशनी टुकड़ों में
धीरे-धीरे धरती पर गिरती है।

पवित्रता और सुकून की सीखे
हवा में एक उपचार - सी महक भर देती हैं।
पंछियों के गीतों की गुंज
इस कोमल दृश्य में उकेरी हुई लगती हैं।

बरसात की यादें भी
यहाँ हर पत्ती में बसी हैं।
मैं जब इस हरियाली में कदम रखती हूँ,
तो वह मेरी साँस को
अपने भीतर समेट लेती है -
और एक पल को
मैं दुनिया का शोर भूल जाती हूँ।

पत्तियाँ परतों में सपने देखती हैं,
और मैं उनके मोन में
धीरे से खो जाती हूँ।

एक विशाल ज़ेल्कोवा वृक्ष

वह सिर्फ एक पेड़ नहीं,
बल्कि सदियों की शांति में
धीमे - धीमे साँस लेता
एक बुजुर्ग - सा खड़ा है।

उसकी पत्तियाँ चमकती हैं -
मानों हज़ार हरे दीपक;
जो भटकी हुई हवा को
अपने रहस्य फुसफुसाकर बताते हों।

यह ज़ेल्कोवा ऊचाई तक उठता है -
पत्थर का स्मारक नहीं,
बल्कि धैर्य और समय का
जीवित प्रतीक।

मुलायम धुंध की सरगोशियाँ

जैसे तीर्थयात्री साथ इकठ्ठा हों,
छुपी रोशनी की तलाश में।

पहाड़ उन्हें झुककर प्रणाम करते हैं,
पेड़ शांत प्रार्थना में अपनी बाँहे उठाते है,
हवा उनकी कोमल कृपा गाती है।

हर क्षणभंगुर आकार में
धरती की साँस की एक स्मृति बसती है।
समय धीरे - धीरे पिघल जाता है,

वे नीले अम्बर में खो जाती है
हमें सिखाते हुए - बदलना भी सुंदर है,
और हर सुंदरता क्षणिक होती है।

अलौकिक स्वप्नलोक

मैं एक स्वप्न में चला गया,
मृदु और दिव्य दृश्य सामने था।

वन – हरे और भूरे रंगों में,
चमेली की सुगंध से साँसें महक उठीं।
मेरे हाथ की पत्ती
धुंध में विलीन हो गई।

कल्पना और सत्य मिलकर
हवा में मधुर गीत गाने लगे।
हर कदम पर फूल खिले,
कमल ने शांत गरिमा से स्वयं को खोला।
तितलियाँ आईं,
प्रकाश के हर कोने में बिखर गईं।

मैं समय से परे खड़ा था,
मेरे विचार रहस्यमयी आभा से छू गए।
फिर भी बहता हुआ,
फिर भी छिपा हुआ,
इस स्वप्नलोक की शरण में।

ब्रह्मांडीय पुष्पगान

दिन की ताज़ी खुशबू में,
दो फूलों के बीच एक शांत धुन।
एक पंखुड़ी खुलती है – कोमल और निर्मल।
अमरता से परे एक खिलना।
ब्रह्मांड फूलों की रोशनी में गुनगुनाता है।

हर परागकण एक अनकही प्रार्थना है।
हर सुबह नई धड़कन से जगता,
पत्तों में बसी है प्रेम की छाया।
बच्चों की हंसी से खिलती ज़िन्दगी,
हर कली में छुपा एक नया सफ़र का मार्ग।

आत्मा के प्रकाश में तारे

तारे झिलमिलाते हैं –
मानो प्राचीन जादू की फुसफुसाहट,
हर सांस के भीतर
आत्मा की परतों में चमक बिखेरते हुए।

वे उठते हैं, बदलते हैं,
शांत मौन में कोमलता लिए,
पवित्र उद्देश्य से दमकते हुए।

दूर आकाश की गहराइयों में,
सपनों के रंगों की नदी बहती,
हर तारे की आवाज़ में छिपा एक गीत,
जो समय के पार सुनाई देता,

मैं उन धाराओं में बहता हूँ,
जहाँ प्रेम और समय का संगम है,
हर पल में पुनर्जन्म का एहसास,
हर झिलमिल में अनंत संभावनाएँ।

अनदेखे सूरों की मधुरता है

हवा अनुपात का गीत गाती है–
बराबर किनारे, बराबर अस्तित्व का भार।
यह संतुलन का गान है,
अनदेखे सुरों की मधुरता है।

हर साज़ में बुनी है, छाया और प्रकाश,
पथ की हर एक मोड़ पर, मिलती नई आस।
उड़ान की अनुभूति में, स्वप्न का विस्तार,
प्रकृति का आलाप है, जीवन का व्यवहार।

कुछ जो अचानक मन में आता है

बादल धीमी चाल में बहते,
समय के कोमल साक्षी।
सिखाते हैं कि धैर्य
आकाश का अनकहा गुण है।

पत्तों की सरसराहट याद दिलाती है—
हर साँस जो मैं लेता हूँ, उधार है।
पेड़ों से किया एक वचन,
देखा न गया पर गहरा अनुबंध।

इस गुजरते पल में,
मन एक घास का मैदान बन जाता है।
जहाँ करुणा फूलती है,
बारिश की कोमलता के साथ।

तितलियाँ जैसे भटकते विचार

जैसे शांति के कोमल ख़याल,
फूलों को ढूँढते कोमलता से।

हर पंख की फड़फड़ाहट कहती है धैर्य,
छोटी-सी दया में छिपा संसार।

याद दिलाती हैं कि सबसे कोमल जीव
सबसे बड़ा आह्वान सँभाले हुए हैं।

तितलियाँ जैसे भटकते विचार –
वे बिना शब्द सिखा जाती हैं।

बर्फ के नीचे आशा का बीज

सर्दियों की शांति के नीचे भी,
एक छुपी धड़कन चलती रहती है।
बीज सपने देखता है गर्म आसमान के,
जड़ों और कोमल अंकुरों के।

वह फुसफुसाता है धैर्य की बात,
अनदेखे दिनों पर विश्वास की।
भारी मिट्टी के नीचे भी,
प्रेम अपनी कोमल राह बना लेता है।

समय अपने पंख फैलाता है,
ठंडक बन जाती है रक्षक हाथ।
जमी हुई परत कैद नहीं,
बल्कि धरती का एक वचन है।

और जब धूप बर्फ को पिघलाती है,
बीज गीत में खिल उठता है।
साबित करता है कि आशा नाज़ुक नहीं,
बल्कि वही जड़ है जहाँ सबके दिल बसते हैं।

सुबह का दिव्य स्पर्श

सुबह की शांति में, सूरज निकलने से पहले,
मैं हाथ जोड़कर आकाश को नमस्कार करता हूँ।
अंगुलियों पर लक्ष्मी की कृपा है,
वह चुपचाप समृद्धि का आशीर्वाद देती है।
हथेली के बीच सरस्वती गाती है,
उसका ज्ञान पंखों की तरह बहता है।
और गहराई में, जहाँ धड़कन शुरू होती है,
गौरी माँ का संरक्षण है – जैसे पवित्र धागा।
सुख-दुख की लहरों में, आस्था की नाव चलती है,
हर सुबह की इस शांति में, नई उम्मीद पलती है।

हे गुरु – ब्रह्म प्रेम की ज्योति

हे गुरु, ब्रह्म प्रेम की ज्योति,
तू प्रकाश को जन्म देता है और उसकी रक्षा करता है।
तू नदी है, जड़ है, आकाश है।
आत्मा की फुसफुसाहट में तेरा उत्तर है।

तू केवल मार्गदर्शक नहीं, बल्कि पवित्र अग्नि है।
तुझमें हर नाम एक रूप धारण करता है।
मैं केवल हाथ जोड़कर नहीं,
बल्कि हृदय से झुकता हूँ,
जो समझने की तलाश करता है।

चाँद का गुप्त बाग़ (यह कविता काल्पनिक आधार से है)

चाँद पवित्र धरती में जड़ों की देखभाल करता है—
एक ऐसा बाग़ जहाँ लालच नहीं होता।
चाँद, अब भी कोमल माली,
शांत इच्छा से प्रेम के बीज बोता है।
नैतिकता चमेली की खुशबू-सी उठती है,
हर कर्म में दया का भाव होता है।
न कोई नुकसान, न कोई जल्दी, न कुछ पाने की चाह—
बस बढ़ते जीवन के लिए आदर।
क्योंकि इस जगह आत्मा पोषित होती है,
चाँदनी की मरहम और फूलों की क्यारी से।

बरामदे का एक पल उसके साथ

वह कुर्सी पर आकर बैठ जाती है,
मेरे घर के बरामदे की खुली शांति में।
उसकी हथेलियों में चाय धीरे-धीरे भाप देती है,
और माँ के पुराने मोबाइल से शास्त्रीय सुर बहते हैं।
हर बार जब यह प्यारी बुज़ुर्ग आत्मा
अपनी मौन उपस्थिति से हमारे घर को सजाती है,
मेरे हृदय में एक लहर उठती है–
नम्रता, आदर, और धरती के
प्रति नैतिक दया की फुसफुसाहट,
जिससे मैं सच में जुड़ा हूँ।

चमेली की खुशबू

हवा में तैरती,
सुबह की नरमी जैसी, अनदेखी पर मौजूद।
यह बेचैन मन को शांति की फुसफुसाहट देती है,
प्रकृति का शुद्ध और सुंदर उपहार।

हर कोमल फूल याद दिलाता है:
नरम रहो, शांत रहो।
जैसे घास पर सुबह की रोशनी।
खुशबू हल्की और मुक्त बनी रहती है,
जब दिल प्रेम चुनते हैं, सामंजस्य में।

ड्रैगनफ्लीज

परिवर्तन के प्रतीक,
वे हमें याद दिलाते हैं–
नदी कभी ठहरती नहीं,
ऋतुएँ कभी सोती नहीं।

एक *ड्रैगनफ्ली* को देखना
गति में स्थिरता सीखना है।
एक नाज़ुक दिन के भीतर
छुपी हुई अनंतता को पहचानना है।

आँधी और आसमान

आँधी आए, तो तोड़ने नहीं,
बल्कि सच दिखाने के लिए।
बिजली गिरे, गुस्से में नहीं,
बल्कि सच्चाई कहने के लिए।

बारिश बरसे, डुबोने नहीं,
बल्कि साफ़ करने के लिए।
और जब पहली बूँद
उसके माथे को छू गई,
आसमान ने गहरी साँस ली।

समर्पण एवं प्रेम की कीर्ति

समर्पण का संगम, प्रेम की गहराई,
आसमान की ओर उड़ा देता है मुझको।
खुद से मिलने की यात्रा पर निकलूँ,
हर कदम पर मैं अपने को खोजता हूँ।

भीतर की खामोशी में सुनाई देती,
सपनों की संगीत, जो नाचती है धड़कन में।
आँखों में बसी छवियाँ, यादों की बारिश,
हर मोड़ पर एक नई दुनिया पाता हूँ।

परिवार की गर्माहट – दोपहर की रोशनी में

जब सूरज अपने शिखर पर पहुँचता है,
और सुनहरी शांति छतों और आँगनों पर बिखेरता है,
हम ठहरकर सम्मान करते हैं
उस शांत आश्रय का जिसे हम परिवार कहते हैं।

यह केवल लोग ही नहीं, बल्कि भाव भी हैं–
साझा किया हुआ पौष्टिक आहार,
तह किया हुआ कम्बल,
और वह अनकहा समझ, जो हमें जोड़ती है।

अच्छे पलों की याद

आज मेरी माँ अपने बचपन के दिनों को याद कर रही थीं।
वह बोलीं– “वे मेरे सबसे अच्छे दिन थे।”

उनकी बात सुनकर मेरे मन में एक सवाल उठा–
हमारे अच्छे दिन कौन-से होते हैं?
कौन-से पल हमारे लिए सच में खास बन जाते हैं?

थोड़ा सोचा...
चार मिनट,
चार दिन,
चार महीने,
या चार साल बाद–

मुझे समझ आया कि मेरे अच्छे दिन वे थे
जब मेरे इरादे मजबूत हुए,
जब मैंने यू.पी.एस.सी की तैयारी में पूरे मन से समय बिताया।
और आज भी मेरा दिन अच्छा है,
क्योंकि मैं अब भी प्रयास कर रहा हूँ।

किरणों की गर्म चादर

सुनहरी रोशनी की सांस -
पौधे धीरे-धीरे हिलते,
हवा से मन हल्का हो जाता है।

मीठी नींद के बाद -
अनदेखी गर्माहट ठहरती है -
ताजगी खिलने लगती है।
रास्ते के बीच में,
यह हल्का सा प्रयास
लगता है जैसे सुबह का सूरज।

हवा - एक उपचारक

हवा ने थके पत्तों को शांति दी,
अनदेखे हाथों से मिट्टी को थमा।
उसने उन घावों को गीत सुनाया,
जिन्हें दुनिया भूल गई थी।
दुखी दिलों और उलझे मनों को सहलाया,
आसमान को सिखाया झुकना, टूटना नहीं।
उसने अकेलेपन को थोड़ा हल्का किया।

सच्ची दोस्ती की प्रेरणा

दोस्ती - हवा जैसी,
जो हर बार दस्तक नहीं देती।
वह चुपचाप आती है,
हमेशा मौजूद रहती है,
भले ही शोर न करे।

किताबों जैसी - शांत साथी,
जो हमारे साथ खामोशी में बैठती है,
कभी निर्णय नहीं करती।
सिर्फ देती है।

एक सुरमयी आवाज़

एक आवाज जो गीत सी लगे,
हर सुर में हल्की और प्यारी।
वह आभासी सी लगती है,
मन को शांति के पल देती है।
इतनी निर्मल सुरमयी आवाज़,
कि क्षणिक भी स्थिर और सुरक्षित लगते है।

स्वयं के संग बिताया दिन

आसमान ने पहनी अपनी पसंदीदा नीली छाया -
दुनिया के लिए नहीं, सिर्फ उसके लिए।
वह पुराने प्याले में चाय भरती है,
सन्नाटे को घुलने देती है,
उसके बाल हवा का मुकुट बन जाते है।
वह "नहीं" कहती है बिना अपराधबोध,
"हाँ" कहती है बिना डर।
उसकी सीमाएँ खिलती हैं,
उसका दिल साफ़ खड़ा रहता है।
यह दिन अपनी कीमत साबित करने का नहीं,
यह दिन आत्मा को नया जीवन देने का है।

वसंत की सुनहरी विजय

वसंत की सुनहरी जीत जगमगाए
सुबह रंगों से आकाश सजाए।
फूलों से धरती का श्रृंगार,
सुगंध का मधुर उपहार।
पंछियों का गीत गूंजे चारों ओर,
जड़ें स्थिर, डालियाँ झूमें बेशुमार।

प्रकृति - हमारी पावन झलक

प्रकृति - हमारी पावन झलक,
सिखाए जीवन का सच्चा पथ,
नदी, वन और पर्वत महान,
संरक्षण ही है उनका सम्मान

धरती सच्ची, निर्मल, सरल,
उपहार अनगिन, अनुपम सफल,
पर समय कहे - संभालो इसे,
कोमल कदमों से थामो इसे।

हर छोटा प्रयास बीज बने,
कम अपशिष्ट, अधिक वृक्ष तले,
साथ मिलकर हम रचे संसार,
हरियाली से भरा उज्वल आधार।

प्रकृति - हमारी पावन झलक
सरल कर्मों में छिपा शुभ फल।
संग संग चलते, प्रेम से हर दिन,
दिया जाएं हम पर्यावरण का जिन।

धीरे पवन, धुंध में शांति

धीरे पवन, धुंध में शांति।
भोर की फुसफुसाहट, मौन का गीत।
छाया मिठे, मौन गाए।
सपने उड़ें, अदृश्य पंखों पर।

धुंध बने, मधुर किरणें।
सपनों की लोरी, शांत स्वार।
समय बहे, मंद धुंध में।
चाँद की गोद, शांति मिले।

हर साँस में कोमलता
क्षणों में शांति, कृपा स्पर्श।
दुनिया सोए, मौन में।
पवन चूमे, तारे चमकें।

ये क्षण नागुक दुर्लभ।
आत्मा मुक्त, चिंता रहित।
मौन की सरगम, पल समाए।
धुंधली रोशनी, अनंत क्षण

जड़ों का आलिंगन मिट्टी के नीचे

वे गाए समय, वर्षा, धूप की बात,
यात्राएँ अनेक, पर सब साथ।
छिपी धाराओं का मधुर राग,
सपनों से जुड़ा जीवन का सुहाग।

मिट्टी तले बुने विश्वास,
मौन में छिपा मधुर आभास।
लिपटीं जड़ें, कोमल, प्रबल,
धरती का गान, अनंत, सरल।

शरद ऋतु में किरणों का आलिंगन

किरणें कहती - प्रेम से चमको,
न्याय करो, सब संग बांटो,
शरद की रोशनी में आत्मा मुक्त,
प्रेम और सद्भाव में जीवन युक्त।

सुनहरी धूप हमे याद दिलाती,
सच्चाई में ही शांति समाती,
जो बाँटता है प्रकाश निरंतर,
वही बनता है जग का दर्पण।

नदी की लहरें कहतीं धीरे,
धैर्य रखो, चलो सदा सजीले,
हर मोड़ पर परिवर्तन अपनाओ,
जीवन को सरलता से सजाओ।

आकाश में तारे झिलमिलाते,
मानव को विनम्रता सिखाते,
किरणों का आलिंगन यही बताता,
प्रेम ही सबसे बड़ा धर्म कहलाता।

मुस्कानियाँ

मुस्कानियाँ ~ नर्म, अनंत, मुक्त,
प्रकृति का शांति - गान,
वे हमे हँसना और जीना सिखाती हैं,
प्रेम करना, चमकना, और सदा बाँटना।

सूरज की पहली किरण सी,
उमंगों की नई कहानी,
हर चेहरे की छवि में बसी,
एक जीवन, एक सुहानी।

भीगी जड़ों का गुप्त जीवन

भीगी जड़ों का गुप्त जीवन,
धरती की गोद में छिपा हुआ,
अंधेरे में भी वे साँस लेती,
नमी से जीवन रचतीं नया।

मिट्टी की गहराई में ठहरकर,
वे धैर्य का पाठ पढ़ातीं है,
सहनशीलता से बढ़ती जातीं,
हर कठिनाई को हराती हैं।

जड़ें कहतीं - "धैर्य रखो,
अंधकार भी प्रकाश बनेगा,
नमी से अंकुर फूटेगा,
हर जीवन फिर से खिलेगा।"

भीगी जड़ों का यह संदेश,
सरल और सच्चा है अनमोल,
धैर्य, करुणा और विश्वास से,
हर मन पाएगा अपना संबल।

जीवन जैसे की - चॉकलेट का डिब्बा

जीवन जैसे की - चॉकलेट का डिब्बा,
हर स्वाद नया, हर पल अनोखा।
कभी मीठा, कभी हल्का कड़वा,
पर हर टुकड़ा सिखाता कुछ गहरा।
धैर्य से चखो, करुणा से बाँटो,
हर अनुभव को प्रेम से सँजो।
जीवन का डिब्बा खाली न होगा,
जब तक मन में विश्वास संजोया होगा।
याद रखो - हार स्वाद है उपहार,
हर पल में छिपा है जीवन का सार।

आर्केड में पिन बॉल

कभी ऊपर, कभी नीचे जाती,
जीवन जैसी सीख सिखाती।
हर बाधा को खेल समझो,
हर गिरावट को हल्का मानो।
धैर्य रखो, प्रयास करो,
हर पल में आनंद भरो।
पिन बॉल कहती - मत रुको,
हर दीवार से सीख लो।
जीवन भी है ऐसा खेल,
संघर्ष में छिपा है मेल।
जीवन की इस रंगीन माया,
कभी हार, कभी जीत का साया।
खुद को तुम कभी न छोड़ो,
हर दिन एक नया सफर जोड़ों।

बारिश की बूंदें गिरती रहती

बारिश की बूंदें गिरती रहती,
धरती को जीवन देतीं रहती।
कभी हल्की, कभी तेज़ बरसतीं,
हर सूखी रग को सींचतीं।
बूंदें कहतीं - मत थको,
हर गिरावट से शक्ति संजो।
धैर्य रखो, विश्वास करो,
हर कठिनाई में आनंद खोजो।
जैसे बूंदें गिरती रहतीं,
वैसे ही आशा जगती रहती।
जीवन का संदेश यही है,
हर पल नया, हर पल सही है।

कोमलता में छिपी ताक़त

कोमल आलिंगन में जीवन ठहरता,
मन का बोझ धीरे-धीरे उतरता।
स्नेह की छाया जब पास आती,
हर पीड़ा को शांति मिल जाती।
धैर्य सिखाता यह कोमल स्पर्श,
करुणा जगाता, मिटाता हर कष्ट।
आलिंगन कहता - मत डरो,
प्रेम से ही शक्ति संजो।
कोमल आलिंगन में छिपा है सार,
विश्वास, करुणा और जीवन का आधार।

. झिलमिलाते गीत गूँजते मन में

झिलमिलाते गीत गूँजते मन में,
हर स्वर जगाता उजियारा।
कभी कोमल, कभी प्रखर ध्वनि,
हर लय में छिपा है सहारा।
गीत सिखाते - दुख में भी गाओ,
हर कठिनाई को सुर में सजाओ।
झिलमिलाते गीतों का उज्जवल संदेश,
हर दिल में जगाए विश्वास का प्रकाश।
संगीत कहे - प्रेम ही राह है,
करुणा से ही जीवन की चाह है।

ट्राम की दुकान

ट्राम की दुकान में जीवन ठहरता सा लगता,
हर मुसाफिर कुछ नया सीखता।
कभी भीड़, कभी सन्नाटा मिलता,
हर पल में धैर्य का पाठ खिलता।
साधारण पल भी समझ सिखाते,
मन में करुणा और सब्र जगाते।
ट्राम कहती - सफ़र को मानो,
हर मोड़ पर विश्वास को जानो।
दुकान में हर चेहरा मुस्कान बने,
प्रेम से ही जीवन आसमान बने।

प्रेम में रहो - यही है जीवन

प्रेम में रहो - यही है जीवन,
हर दिल में जगाओ करुणा का सावन।
नफ़रत से कुछ नहीं मिलता,
प्रेम से हर अंधेरा खिलता।

प्रेम में रहो - धैर्य सिखाता,
हर कठिनाई को सरल बनाता।
स्नेह से ही शक्ति मिलती,
करुणा से ही रहा खिलती।

प्रेम में रहो - यही है सार,
हर मन पाएगा अपना आधार।
संसार को दो एक नया रंग,
जहाँ प्रेम का हो हर पल संग।

मेरे लड़खड़ाते कदम . मेरे लड़खड़ाते कदम

मेरे लड़खड़ाते कदम,
राह में ठहरते है,
पर हर ठहराव सिखाता है -
आगे बढ़ना ही जीवन है । -

गिरना कोई हार नहीं,
यह तो सीख का संकेत है,
हर ठोकर कहती है -
संभलकर चलो, प्रभात रुकना।

छोटे-छोटे कदम भी
बड़े सपनों तक पहुँचाते है,
धैर्य और विश्वास से
हर मंजिल मुस्कुराती है।

मेरे लड़खड़ाते कदम
अब साहस का गीत बन गए है,
हर डगमगाहट में छुपा है
नया उजाला, नई दिशा।

छोटे कण

छोटे-छोटे कण,
नज़र में भले ही अदृश्य हों,
पर हर कण में छुपा है
सृष्टि का गहरा रहस्य।
ये छोटे कण बताते हैं -
बड़ा बनने के लिए
पहले छोटा होना ज़रूरी है,
हर महानता की जड़
सूक्ष्मता में ही होती है।
छोटे कणों की तरह
हमारे छोटे-छोटे कर्म भी
बदल सकते है दुनिया,
हर दया, हर सत्य
एक नई रोशनी जगाता है।

मौन संदेश

मौन संदेश कहता है -
शांति में भी शक्ति है,
धीमे स्वर में छुपा है
सत्य का गहरा प्रकाश
जब शब्द थम जाते है,

दिल की भाषा बोलती है,
हर मौन क्षण हमे सिखाता है -
करुणा ही सबसे बड़ा उत्तर है।
मौन संदेश हमें याद दिलाता है -
दया का स्वर ऊंचा नहीं होता,
पर उसका असर जीवन को बदल देता है।

एक ठिकाना विश्राम का

कभी मन थक जाता है,
कभी बोझ भारी हो जाता है,
तब जरूरी है ढूंढना -
एक ठिकाना विश्राम का।

जहाँ शांति हो,
जहाँ करुणा हो,
जहाँ मौन हमे
नई शक्ति दे।

भागना नहीं,
बस थोड़ी देर ठहरना है,
ताकि फिर लौट सकें
साहस और विश्वास के साथ।

हर इंसान को चाहिए
एक छोटा सा कोना,
जहाँ आत्मा कह सके -
मैं सुरक्षित हूँ, मैं संपूर्ण हूँ।

उत्तर का सूरज

उत्तर का सूरज उगता है,
ठंडी हवाओं के बीच,
उसकी किरणें कहती है -
अंधकार कभी स्थायी नहीं होता।
सर्दी की कठोरता में भी
वह हमें गर्माहट देता है,
सिखाता है कि साहस
हर कठिनाई को पिघला सकता है।
उत्तर का सूरज बताता है -
छोटा प्रकाश भी
बड़े अंधेरे को मिटा सकता है,
और हर दिल में
आशा की लौ जगा सकता है।
उसकी सुनहरी किरणें
हमसे कहती है -
धैर्य रखो, विश्वास रखो,
हर ठंडी रात के बाद
नई सुबह जरूर आती है।

श्वेत रातों का गीत

रात धीरे-धीरे झूमती है,
जैसे मौन में छुपा हो
एक कोमल नृत्य।
तारों की चमक कहती है -
अंधकार भी सुंदर हो सकता है,
जब उसमे करुणा और
शांति की लय बहती है।
हर रात का नृत्य
हमें सिखाता है -
जीवन की कठिनाइयाँ भी
संगीत बन सकती है।

पथ प्रदर्शक हमें सिखाते है -

रास्ते कठिन हो तो भी
साहस से चलना ही
सच्ची जीत है।
वे ठोकरों को सीढ़ी बनाते है,
अंधेरों में दीप जलाते हैं -
आशा कभी बुझती नहीं।
पथप्रदर्शक हमें सिखाते हैं -
छोटे कर्म भी
बड़े बदलाव ला सकते हैं,
हर दया, हर सत्य
एक नई दिशा खोलता हैं।
उनके कर्मों की गूंज
समय से परे जाती है,
याद दिलाती है कि
सच्चा नेतृत्व वही है
जो दूसरों को उठाता है।

जब मैं चाँद को निहारता हूँ

जब मैं चाँद को निहारता हूँ,
उसकी शांति मुझे सिखाती है -
अंधकार में भी प्रकाश का मार्ग होता है।
चांद की ठंडी रोशनी
दिल को समझाती हैं,
कि कर धब्बा, हर छाया
उसकी सुंदरता का हिस्सा है,
जैसे जीवन की कठिनाइयाँ
हमारी यात्रा को पूर्ण बनाती है।
जब मैं चाँद को निहारता हूँ,
उसकी रोशनी कहती है -
छोटे दीप भी जगमगाते हैं,
और अँधेरे को पीछे छोड़ जाते है।

उलझन

बंधन में बंधा है जीवन,
जैसे जड़ें और शाखाएँ।
एक-दूसरे से जुड़कर ही,
फूल खिलें छाँव फैलाएँ।

संबंधों की डोर संभालो,
करुणा से इसे सजाओ।
जहाँ उलझन दिखें तुम्हें,
वहाँ प्रेम का दीप जलाओ।

काली तितली

काली तितली उड़ चली,
अंधेरे में भी रोशनी बनी।
रंग भले ही गहरे हों,
मन में आशा के सवेरे हो।

मत डरो अंधकार से तुम
वहीं छिपा है नया उजाला।
काली तितली कहती है -
हर छाया में है उज्ज्वल हाला।

जहाँ करुणा संग सोच चले

विचार जब निर्मल होते हैं,
मन में दीप जलते हैं।
अंधकार मिटता धीरे-धीरे,
सत्य के स्वर खिलते हैं।

जहाँ करुणा संग सोच चले
वहाँ उजाला ही उजाला।
हर हृदय में दीपक बनकर,
फैलता है नया उजाला।

सृष्टि से प्रेरित अलौकिक गीत

हवा में गूँजता एक स्वर,
नदी की धारा, पत्तों का घर।
यह गीत हमें याद दिलाए,
हर प्राणी से संबंध बनाए।

सृष्टि गाती है मौन राग,
हर कण में छिपा अनुराग।
चाँद की चाँदनी गुनगुनाए,
करुणा का दीप जगमगाए।

अजन्मे विचारों का संगीत

मन के भीतर एक स्वर छिपा,
अभी शब्दों में ढलना बाकी।
हर अनकहा विचार है संगीत,
हर शांत माहौल में छिपा है गीत।
अजन्मे विचारों की यह मौन धुन,
सिखाती है धैर्य और विश्वास।

कल्पना के पंख फैलते हैं

सीमाएँ सब धुंधली हो जाती।
मन का दीपक जब जलता है,
अनंत राहें उज्जली हो जातीं।
हर स्वप्न में छिपा है सागर,
हर विचार में गगन विशाल।
जहाँ कल्पना मिलती है अनंत से,
वहाँ जन्म लेता है नया कमाल।

गीत जो नए कल से जोड़े

हर स्वर में आशा जगती है,
हर धुन में उजियारा।
गीत बने सेतु भविष्य का,
ले जाए हमें सहारा।

प्रेम और करुणामय भाव की लय से,
कल का दीपक जलता है।
गीत जो नए कल से जोड़े,
जीवन में नई चमक जगाता है।

71. एक सरगम

चाँद धीमे स्वर में गुनगुनाता है
रात की नींद में,
सितारों के करघे पर
एक चाँदी की डोर बुनती है।

हवा लाती है वे गीत
जो किसी ने सिखाए नहीं
सिर्फ साँस, सिर्फ लय, सिर्फ स्मरण।

वहाँ - एक सरगम है,
कानों के लिए नहीं,
बल्कि उस आत्मा के लिए
जो अब भी विश्वास करती है
चाँदनी की दिव्य गूँज में।

पेड़ झूमते है जैसे नर्तक,
जिन्हें कदम नहीं,
पर एहसास याद है।

यहाँ तक की मौन भी जुड़ जाता है -
एक शांत संगीत,
संध्या में बुनी हुई।
में भाषा नहीं जानता,
पर अर्थ जानता है -
मंदिर की घंटियों पर बरसात की खुशबू में,
उस भाव में जब हृदय झुक जाता है बिना कहे।

एक रहस्यमयी सरगम -
गाई नहीं जाती, पर महसूस होती है।
सुनी नहीं जाती, पर जानी जाती है।

www.ingramcontent.com/pod-product-compliance
Lightning Source LLC
Chambersburg PA
CBHW070645240926
51846CB00003BA/785
* 9 7 8 9 3 7 3 1 4 0 9 2 6 *